Impressum
Verlag: BABADADA GmbH, Nedderfeld 112 , 22529 Hamburg
Geschäftsführer / Verlagsleitung: Harald Hof
Druck: Books on Demand GmbH, In de Tarpen 42, 22848 Norderstedt

Imprint
Publisher: BABADADA GmbH, Nedderfeld 112 , 22529 Hamburg, Germany
Managing Director / Publishing direction: Harald Hof
Print: Books on Demand GmbH, In de Tarpen 42, 22848 Norderstedt, Germany

sekolahan

اسکول

kelas
کمرہ جماعت
para
تقسیم کریں
186/2
blabag kanggo nulis
بورڈ
latar sekolah
سکول کا صحن
guru
اُستاد
dluwang
کاغذ
nulis
لکھنا
pen
قلم
meja
میز
garisan
پیمانہ
buku
کتاب
murid
شاگرد

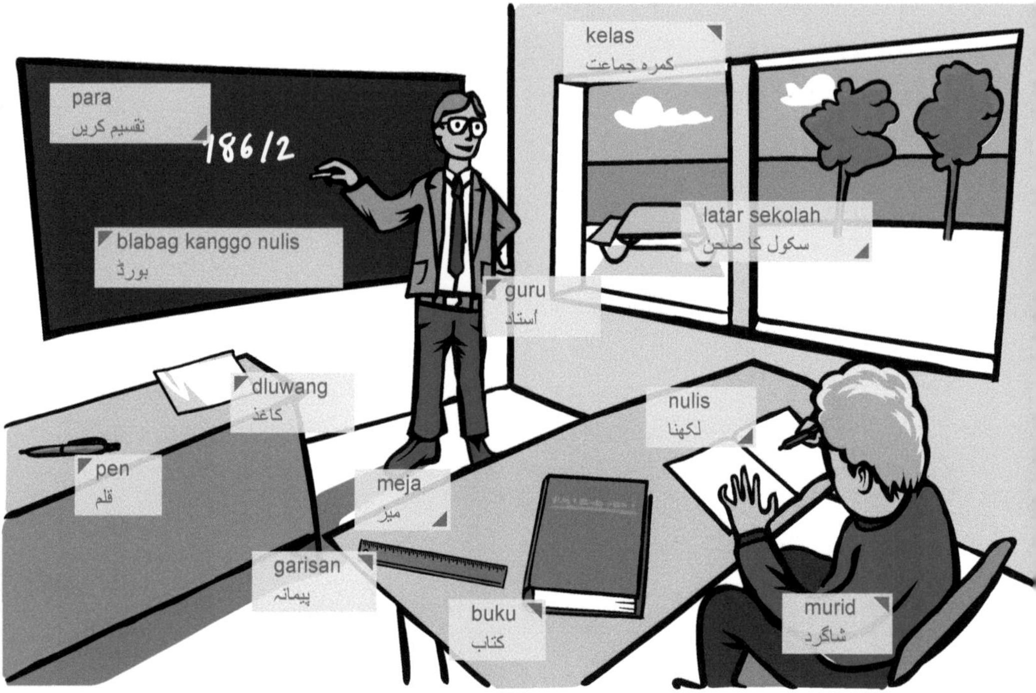

tas sekolah

بستہ

tepak potlot

پینسل کیس

potlot

پینسل

orotan potlot

پینسل شارپنر

setip

ربڑ

lemek nggambar

ڈرائنگ پیڈ

2 sekolahan - اسکول

gambar

ڈرائنگ

kuwas

پینٹ برش

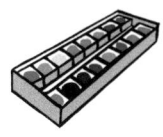

tepak cat nggambar

پینٹ باکس

gunting

قینچی

lem

گوند

buku latihan soal

مشق کی کاپی

pakaryan omah

ہوم ورک

12

angka

ہندسہ

2+2

tambah

جمع کریں

5-2

suda

منفی کریں

2×2

ping

ضرب دیں

itung

شمار کریں

A

aksara

خط

ABCDEFG HIJKLMN OPQRSTU VWXYZ

abjad

حروف تہجی

hello

tembung

لفظ

teks

متن

maca

پڑھنا

kapur

چاک

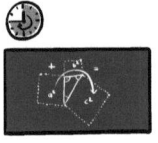

wulangan

سبق

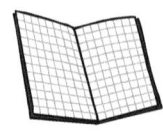

dhaptar

اندراج

ujian

امتحان

sertipikat

سند

sragam sekolah

سکول یونیفارم

pendhidhikan

تعلیم

ensiklopedia

انسائیکلوپیڈیا

universitas

یونیورسٹی

mikroskop

خورد بین

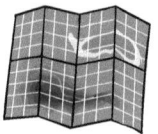

peta

نقشہ

kranjang larahan

ویسٹ پیپر باسکٹ

hotel
ہوٹل
hostel
ہاسٹل
or pertukaran duit mancanegara
رقم تبدیل کرانےکیلئ
koper
سوٹ کیس
mobil
کار

basa

زبان

iya / ora

ہاں / نہیں

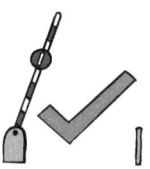

oke

ٹھیک ہے

halo

ہیلو

juru basa

مُترجم

matur nuwun

شُکریہ

Piro regane ...?

‫؟ ۔۔۔ کی کیا قیمت ہے‬

aku ora ngerti

‫میں نہیں سمجھتا‬

masalah

‫مشکل‬

Sugeng dalu!

‫شام بخیر!‬

Sugeng enjang

‫صبح بخیر!‬

Sugeng dalu!

‫شب بخیر!‬

pareng

‫الوداع‬

arah

‫سمت‬

koper

‫سفری سامان‬

tas

‫بیگ‬

ransel

‫بیگ پیک‬

tamu

‫مہمان‬

kamar

‫کمرہ‬

kantong turu

‫سلیپنگ بیگ‬

tenda

‫ٹینٹ‬

informasi turis

سیاحوں کےلئےمعلومات

pantai

ساحل

kertu kredit

کریڈٹ کارڈ

sarapan

ناشتہ

mangan awan

لنچ

mangan ing wayah bengi

ڈنر

tiket

ٹکٹ

lift

لفٹ

perangko

مُہر

watesan

سرحد

cukai

کسٹمز

kedutaan

سفارت خانہ

visa

ویزا

paspor

پاسپورٹ

angkutan
نقل وحمل

montor mabur
ہوائی جہاز
kapal
سمندری جہاز
mesin pemadam kobongan
آگ بُجھانےوالی گاڑی
truk
ٹرک
bis
بس
prahu motor
موٹربوٹ
mobil
کار
sepeda
سائیکل

feri
فیری

perahu
کشتی

sepeda motor
موٹرسائیکل

mobil polisi
پولیس کار

mobil balapan
ریسنگ کار

mobil sewa
کرایہ پرکار

sewa mobil

کار کا اشتراک کرنا

truk derek

کھینچنے والا ٹرک

truk resek

کوڑے والا ٹرک

motor

کار

bensin

ایندھن

pom bensin

پٹرول اسٹیشن

tanda dalan

ٹریفک کے نشانات

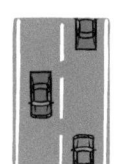

lalu lintas

ٹریفک

macet

ٹریفک جام

parkir mobil

کار پارک

stasiun sepur

ٹرین اسٹیشن

ril sepur

پٹڑیاں

sepur

ٹرین

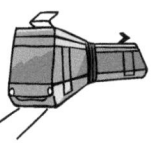

tram

ٹرام

grobak

ویگن

helikopter

ہیلی کاپٹر

lapangan montor mabur

ائرپورٹ

menara

ٹاور

penumpang

مسافر

kontener

کنٹینر

kerdhus

ڈبہ

troli

ریڑھا

kranjang

ٹوکری

mabur / ndarat

اُڑان بھرنا / زمین پراُترنا

kutha

شہر

desa

گاؤں

tengah kutha

سٹی سنٹر

omah

مکان

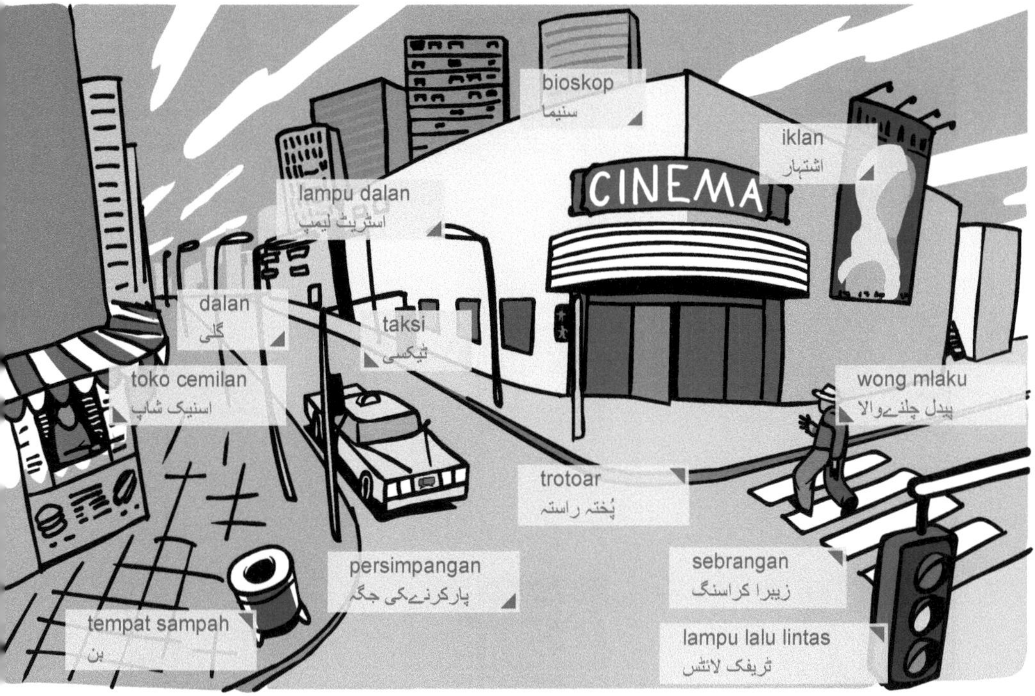
bioskop
سنیما
CINEMA
iklan
اشتہار
lampu dalan
اسٹریٹ لیمپ
dalan
گلی
taksi
ٹیکسی
toko cemilan
اسنیک شاپ
wong mlaku
پیدل چلنے والا
trotoar
پُختہ راستہ
persimpangan
پارکرنے کی جگہ
sebrangan
زیبرا کراسنگ
tempat sampah
بن
lampu lalu lintas
ٹریفک لائٹس

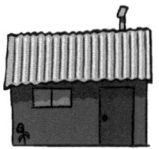

gubuk

ہٹ

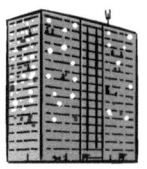

apartemen

فلیٹ

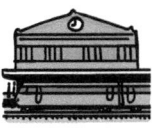

stasiun sepur

ٹرین اسٹیشن

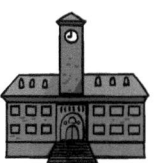

bale kutha

ٹاؤن ہال

MUSEUM

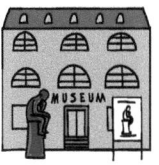

museum

عجائب گھر

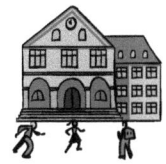

sekolahan

اسکول

universitas

یونیورسٹی

bank

بینک

griya sakit

ہسپتال

hotel

ہوٹل

apotek

فارمیسی

kantor

دفتر

toko buku

کتابوں کی دکان

toko

دکان

toko kembang

پھولوں کی دُکان

supermarket

سُپرمارکیٹ

pasar

مارکیٹ

toko sarwa ana

ڈیپارٹمنٹ سٹور

toko iwak

مچھلی کی دُکان

mal

شاپنگ سنٹر

pelabuhan

بندرگاہ

taman

پارک

bangku

بنچ

tretek

پُل

andha

سیڑھیاں

metro

انڈرگراؤنڈ

trowongan

سرُنگ

halte bis

بس اسٹاپ

bar

شراب خانہ

restoran

ریسٹورنٹ

kotak surat

پوسٹ باکس

pratandha dalan

اسٹریٹ سائن

meteran parkir

پارکنگ میٹر

kebon kewan

چڑیا گھر

kolam renang

سوئمنگ پول

masjid

مسجد

kebon

کھیت

polusi

آلودگی

kuburan

قبرستان

greja

چرچ

panggon dolanan

کھیل کا میدان

candi

مندر

lanskap

منظر

godong
پتہ

plang
رہنمائی کے لئے لگا ہوا بورڈ

dalan
راستہ

beran
سبزہ زار

watu
پتھر

uwit
درخت

wong munggah
پیدل چلنے والا، ہائیکر

kali
دریا

suket
گھاس

kembang
پھول

lembah

وادی

bukit

پہاڑی

tlogo

جھیل

alas

جنگل

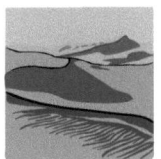

ara-ara

صحرا

gunung geni

آتش فشاں

keraton

قلعہ

kluwung

قوس قزح

jamur

کھمبی

uwit palem

کجھور کا درخت

lemut

مچھر

laler

مکھی

semut

چیونٹی

tawon

مکھی

angga-angga

مکڑا

kumbang

بھونرا

kodok

مینڈک

bajing

گلہری

landhak

خارپُشت

truwelu

خرگوش

manuk dares

اُلو

manut

پرندہ

banyak

راج ہنس

celeng

سؤر

kidang

ہرن

menjangan

امریکی بارہ سنگھا

bendungan

ڈیم

turbin angin

ہوا سے چلنے والی ٹربائین

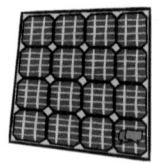

panel srengenge

سولر پینل

iklim

آب وہوا

restoran
ریسٹورنٹ

laden
ویٹر
menu
مینیو
kursi
sop
سوپ
pizza
پیزا
alat mangan
کٹلری
taplak meja
ٹیبل کلاتھ

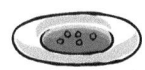

hidangan pambuka

استارٹر

menu utama

مین کورس

hidangan penutup

ڈیزرٹ

ombenan

مشروبات

panganan

کھانےکی اشیاء

gendul

بوتل

panganan instan

فاسٹ فوڈ

jajan cemilan

اسٹریٹ فوڈ

ceret teh

چائےدانی

kaleng gula

شوگرباکس

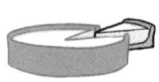

porsi

حصہ

mesin espresso

ایسپریسو مشین

kursi duwur

اونچی کُرسی

tagihan

بل

baki

ٹرے

lading

چھُری

sendok garpu

کانٹا

sendok

چمچ

sendok teh

چائےکا چمچ

serbet

سرویئیٹی

gelas

شیشہ

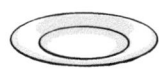

piring

پلیٹ

piring sop

سوپ پلیٹ

lepek

طشتری

duduh

چٹنی

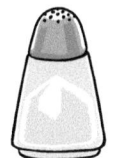

gendul uyah

سالٹ شیکر

bubuk mrico

پیپرمل

cuka

سرکہ

lenga

خوردنی تیل

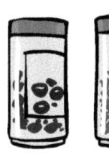

bumbon

مصالحے

saos tomat

کیچپ

mustar

سرسوں

mayones

میئونیز

supermarket

سُپرمارکیٹ

tawaran khusus
خصوصی پیشکش
FOR
langganan
گاہک
produk saka susu
ڈیری
woh-wohan
پھل
troli
ٹرالی

toko daging

گوشت کی دُکان

toko roti

بیکری

nimbang

وزن کرنا

janganan

سبزیاں

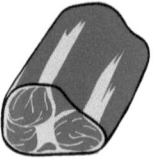

daging panggang

گوشت

panganan beku

جما ہوا کھانا

irisan daging

کولڈ کٹس

panganan kaleng

ڈبے میں بند کھانا

deterjen

واشنگ پاؤڈر

permen

مٹھائیاں

produk reresik omah

گھریلو مصنوعات

produk reresik

صاف کرنے کیلئے مصنوعات

bakul

سیلز پرسن

mesin kasir

کیش رجسٹر

kasir

کیشیئر

daftar blanja

خریداری کی فہرست

jam buka

اوقات کار

dompet

بٹوہ

kertu kredit

کریڈٹ کارڈ

tas

تھیلا

tas kresek

پلاسٹک کے تھیلے

ombenan

مشروبات

banyu

....

پانی

jus

....

جوس، رس

susu

....

دودھ

ombenan kanthi karbon

....

کوک

anggur

....

وائن

bir

....

بیئر

alkohol

....

الکوحل

coklat

....

کوکوآ

teh

....

چائے

kopi

....

کافی

espresso

....

ایسپریسو

cappuccino

....

کیپاچینو

panganan

کھانےکی اشیاء

gedhang

کیلا

apel

سیب

jeruk

مالٹا

semangka

خربوزہ

jeruk lemon

لیموں

wortel

گاجر

bawang

لہسن

pring

بانس

bawang

پیاز

jamur

کھُمبی

kacang

اخروٹ، بادام وغیرہ

bakmi

نوڈلز

spageti

اسپیگیٹی

sego

چاول

salad

سلاد

kentang goreng

چپس

kentang goreng

تلے گئے آلو

pizza

پیزا

hamburger

ہیم برگر

roti isi

سینڈوچ

daging irisan

کٹلیٹ

daging ham

سؤرکی ران کا گوشت

salami

گوشت کی اطالوی ساسیج

sosis

ساسیج

pitik

مُرغی

daging panggang

روسٹ

iwak

مچھلی

bubur gandum

جئی کا دلیہ

muesli

میوزلی

sereal jagung

کارن فلیکس

glepung

آٹا

croissant

کروئیسنٹ

roti

بریڈ رول

roti

بریڈ

roti panggang

ٹوسٹ

biskuit

بسکٹ

mertega

مکھن

dadih

دہی

kue

کیک

endog

انڈا

endog goreng

فرائی کیا گیا انڈہ

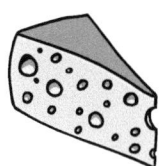

keju

پنیر

es krim

آئس کریم

gula

چینی

madu

شہد

sele

جام

krim nugat

ناؤگٹ کریم

kare

سالن

kebon

کھیت

omah tani
فارم ہاؤس
lumbung
کھلیان
bal kawul
تنکوں کی گانٹھ
sawah
jaran
گھوڑا
karavan
ٹریلر
traktor
ٹریکٹر
belo
گھوڑے کا بچہ
keledai
گدھا
wedhus
بھیڑ
domba
میمنہ

wedhus

بکری

sapi

گائے

pedhet

بچھڑا

babi

سؤر

gambluk

سؤر کا بچہ

kebo

سانڈ

banyak

راج ہنس

bebek

بطخ

kuthuk

چوزہ

babon

مُرغی

jago

مُرغا

tikus

چوہا

kucing

بلی

tikus

چوہا

sapi

بیلچہ

asu

کُتا

kandang asu

کُتے کا گھر

selang

گارڈن ہاؤس

gembor

پانی کا کین

arit gede

درانتی

waluku

ہل

arit gede

درانتی

pacul

بیلچہ

garu

ترنگل

kapak

کلہاڑا

grobak surung

ہتہ گاڑی

wadah pakan

حوض

kaleng susu

دودھ کا کین

karung

تھیلا

pager

باڑ

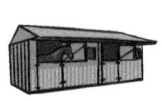

kandang

اصطبل

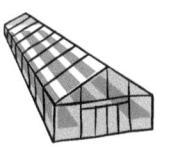

omah kaca

گرین ہاؤس

lemah

مٹی

wiji

بیج

rabuk

فرٹیلائیزر

traktor panen

کمبائن ہارویسٹر

manen

فصل کاٹنا

panen

فصل کاٹنا

ubi

افریقی آلو

gandum

گندم

kedelai

سویا

kentang

آلو

jagung

مکئی

lobak

توریا کا تیل

wit woh-wohan

پھلداردرخت

telo

کساوا

sereal

دلیہ

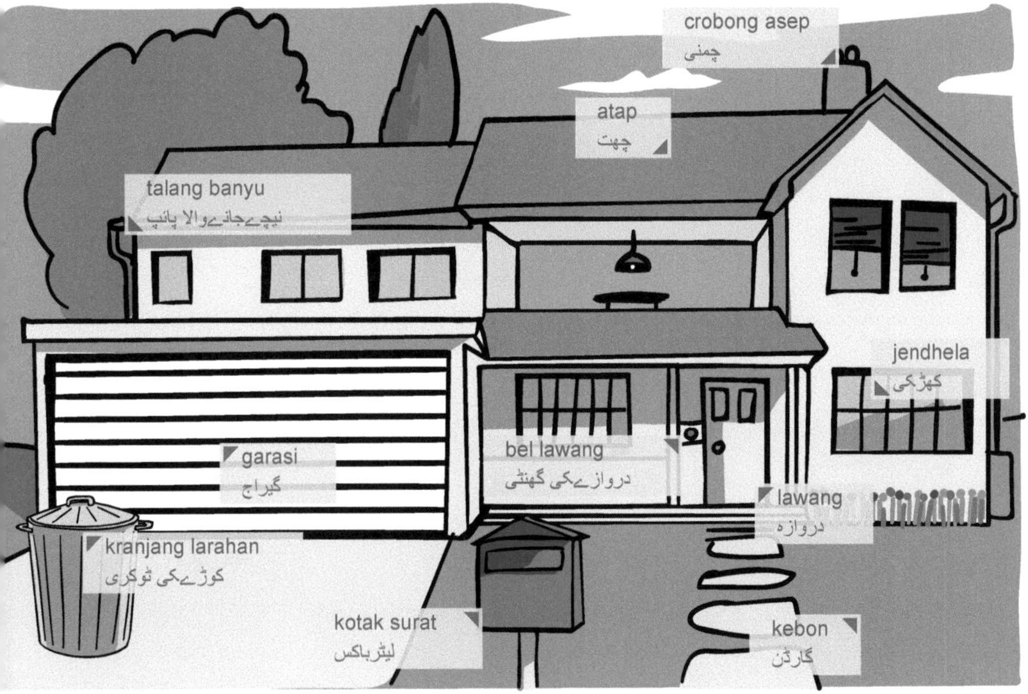

crobong asep
چمنی
atap
چھت
talang banyu
نیچےجانےوالا پائپ
jendhela
کھڑکی
garasi
گیراج
bel lawang
دروازےکی گھنٹی
lawang
دروازہ
kranjang larahan
کوڑےکی ٹوکری
kotak surat
لیٹرباکس
kebon
گارڈن

ruang tamu

لوونگ روم

jedhing

غُسل خانہ

pawon

باورچی خانہ

kamar turu

بیڈروم

kamar anak

بچوں کا کمرہ

kamar panedhaan

کھانےکا کمرہ

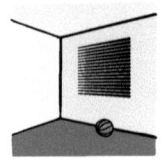

jobin

فرش

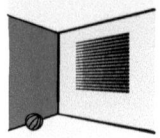

tembok

دیوار

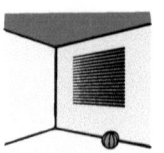

pyan

چھت

gudhang ing njero lemah

تہ خانہ

sauna

سوانا

balkon

بالکونی

teras

ٹیریس

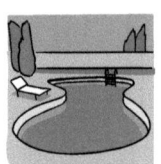

blumbang kanggo nglangi

پول

mesin kanggo motong suket

گھاس کاٹنے کی مشین

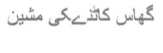

lembaran

چادر

sprei

چادر

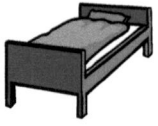

dipan

بستر

sapu

جھاڑو

ember

بالٹی

tombol

سوئچ

ruang tamu
لوونگ روم

kertas tembok
وال پیپر
gambar
تصویر
lampu
لیمپ
rak
شیلف
lemari
الماری
TV
ٹیلی ویژن
perapian
آتش دان
kembang
پھول
bantal
کُشن
sofa
صوفہ
vas
گلدان
remot kontrol
ریموٹ کنٹرول

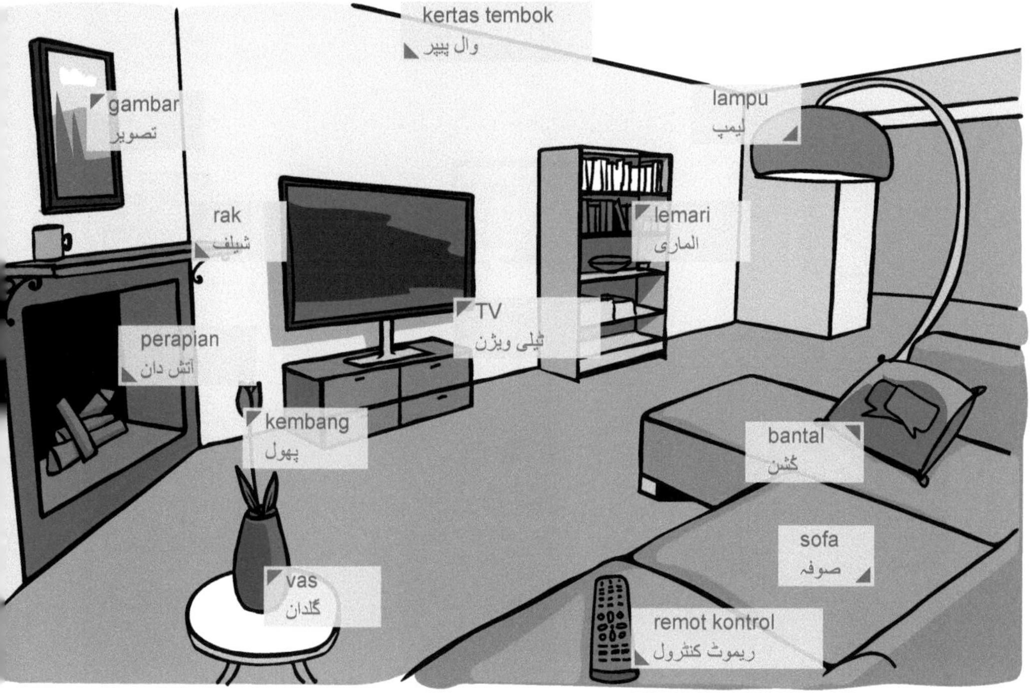

karpet

قالین

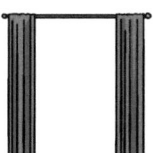

korden

پردے

meja

میز

kursi

کُرسی

kursi goyang

ہلنے والی کُرسی

kursi tangan

آرام کُرسی

buku

كتاب

selimut

كمبل

dekorasi

آرائش

kayu bakar

جلانے کی لکڑی

film

فلم

hi-fi

ہائی فائی

kunci

چابی

koran

اخبار

lukisan

پینٹنگ

poster

پوسٹر

radio

ریڈیو

buku catetan

نوٹ بُک

penyedot lebut

ویکیوم کلینر

kaktus

کیکٹس

lilin

موم بتی

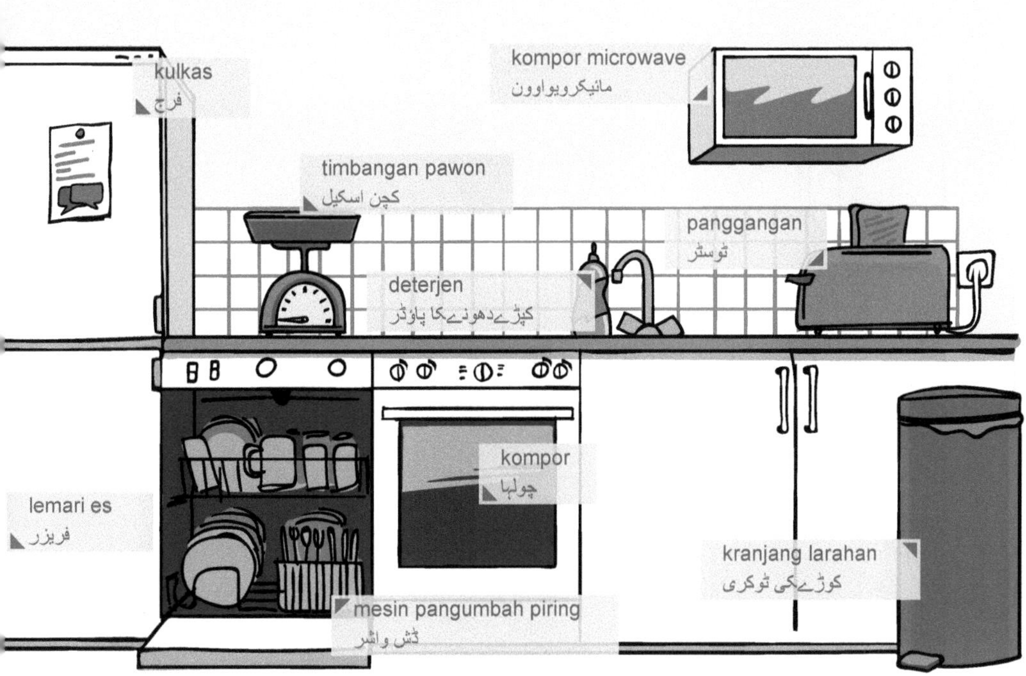

pawon

باورچی خانہ

kompor microwave
مائیکرویواوون
timbangan pawon
کچن اسکیل
panggangan
ٹوسٹر
deterjen
کپڑےدھونےکا پاؤڈر
kompor
چولہا
lemari es
فریزر
kranjang larahan
کوڑےکی ٹوکری
mesin pangumbah piring
ڈش واشر

kompor

ککر

panci

برتن

panci wesi

لوہےکا برتن

wajan

کڑاہی

wajan

برتن

ceret

کیتلی

kukusan

استیمر

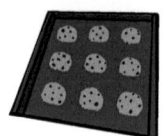

loyang

بیکنگ ٹرے

pecah belah

کراکری

mug

مگ

mangkok

پیالہ

sumpit

چاپ اسٹکس

irus

ڈوئی

solet

کفچہ

udeg

جھاڑودینا

ayakan

مقطر

saringan

چھلنی

parutan

گریٹر

lumpang

کونڈی

panggangan

باربی کیو

geni

کھُلی آگ

telenan

چاپنگ بورڈ

gilingan adonan

بیلن

kotrek

کارک اسکریو

kaleng

کین

bukaan kaleng

کین اوپنر

cempal

برتن پکڑنےوالا کپڑا

wastafel

سنک

sikat

برش

sepon

اسپونج

blender

بلینڈر

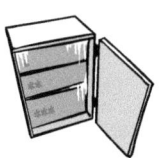

kulkas

ڈیپ فریز

gendul bayi

بچےکی بوتل

kran

ٹونٹی

jedhing
غُسل خانہ

alat manasi
pancuran
شاور
andhuk
تولیہ
شاورکرٹن
adhus unthuk
ببل باتھ
bak adhus
باتھ ٹب
gelas
شیشہ
mesin ngumbah
واشنگ مشین
kran
ٹونٹی
tekel
ٹائلیں
pispot
پاٹی
wastafel
سنک

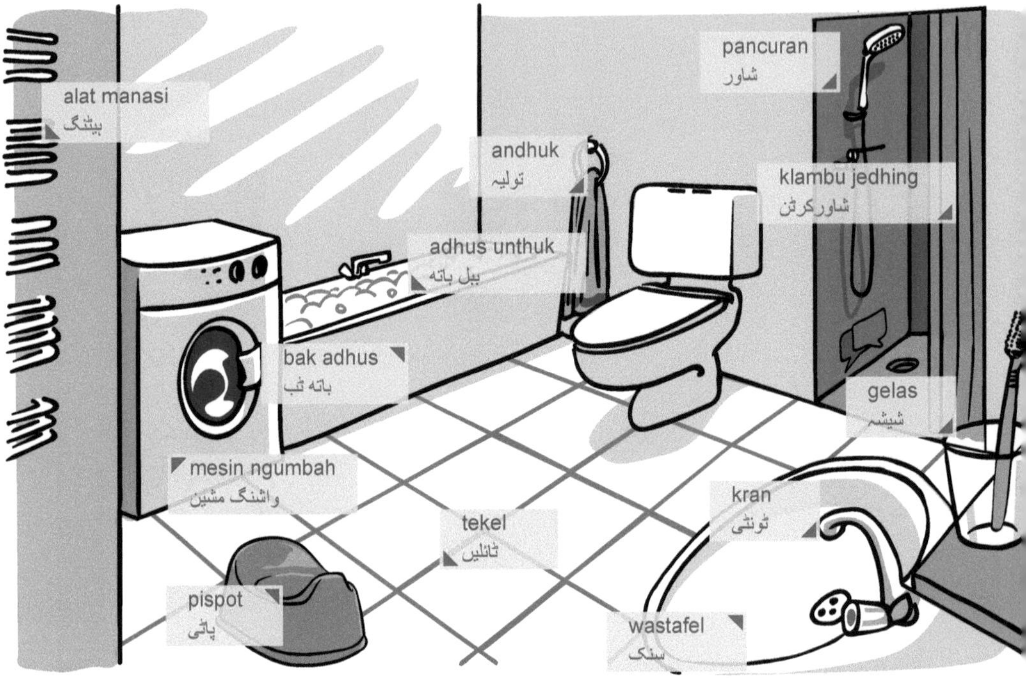

jamban
ٹائلٹ

jamban dhodhok
دوزانوں بیٹھنےوالی ٹائلٹ

bidet
نچلاحصہ دھونےکیلئےپاٹ

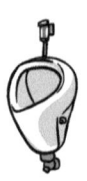

pissoir
پیشاب گاہ

tisu jamban
ٹائلٹ پیپر

sikat jamban
ٹائلٹ برش

sikat untu

ٹوتھ برش

odol

ٹوتھ پیسٹ

bolah untu

ڈینٹل فلاس

ngumbahi

دھونا

gagang shower

ہینڈ شاور

pancuran

شاور

baskom

بیسن

sikat geger

بیک برش

sabun

صابن

gel pancuran

شاورجل

sampo

شیمپو

hem

فلالین

nguras

ڈرین

krim

کریم

deodoran

ڈیوڈورنٹ

pangilon

آئینہ

koco tangan

ہاتھ میں پکڑا جانے والا آئینہ

silet

ریزر

umpluk cukur

شیونگ فوم

aftershave

آفٹر شیو

jungkat

کنگھی

sikat untu

برش

hairdryer

ہیئر ڈرائر

hairspray

ہیئر اسپرے

dandanan

میک اپ

gincu

لپ اسٹک

kuteks

نیل وارنش

kapas

روئی

gunting kuku

ناخن کاٹنے کی قینچی

parfum

پرفیوم

kantong adhus

واش بیگ

dingklik

پاخانہ

timbangan

وزن کرنےکی مشین

ubah kanggo sawise adhus

باتھ روب

sarung karet

ربڑکے دستانے

tampon

ٹیمپون

pembalut

سینیٹری ٹاول

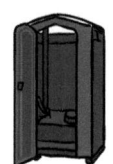

jamban nganggo bahan kimia

کیمیکل ٹائلٹ

kamar anak

بچوں کا کمرہ

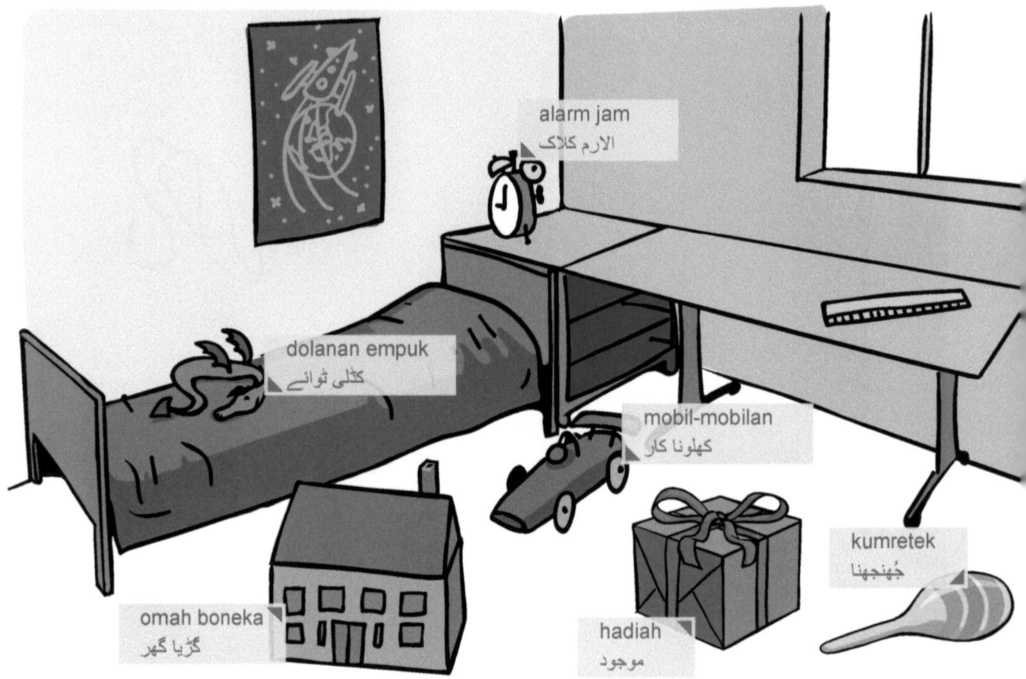

alarm jam
الارم کلاک
dolanan empuk
mobil-mobilan
کھلونا کار
kumretek
جُھنجھنا
omah boneka
گڑیا گھر
hadiah
موجود

balon

غبارہ

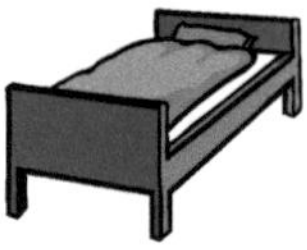

dipan

بستر

kreto bayi

پرام

meja kertu

ڈیک آف کارڈز

teka-teki

جگسا

komik

کامک

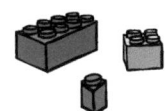

bata lego

لیگوبرکس

balok dolanan

کھلونا بلاکس

boneka aksi

ایکشن فگر

klambi bayi

بچےکا لباس

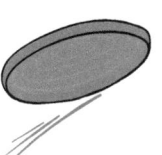

frisbee

فرسبی

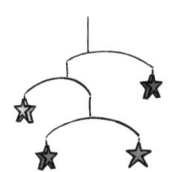

dolanan gantungan

کھلونا موبائل

dolanan meja

بورڈ گیم

dadu

ڈائس

sepur dolanan

ماڈل ٹرین سیٹ

dot

ڈمی

pesta

پارٹی

buku gambar

تصاویروالی کتاب

bal

گیند

boneka

گڑیا

dolanan

کھیلنا

panggon dolanan pasir

سینڈ پٹ

ayunan

جھولا جھولنا

dolanan

کھلونے

konsol video game

وڈیوگیم کنسول

sepeda roda telu

تین پہیوں والی سائیکل

beruang teddy

ٹیڈی بیئر

lemari sandhangan

کپڑوں کی الماری

klambi

لباس

kaos kaki

موزے

stoking

اسٹاکنگز

kathok singset

ٹائٹس

slendang
اسکارف

payung
چھتری

kaos oblong
ٹی شرٹ

sabuk
بیلٹ

sepatu bot
بوٹ

slop
سلیپر

sepatu kets
اسنیکرز

sandal

سینڈل

sepatu

جوتے

sepatu bot karet

ربڑکےبوٹس

sempak

زیرجامہ

kutang

بریزنیر

rompi

واسکٹ

awak

جسم

kathok

پتلون

kathok jins

جینز

rok

اسکرٹ

blus

بلاؤز

klambi

قمیض

jaket nganggo kudung

پُل اوور

sweter

سویٹر

blezer

بلیزر

jaket

جیکٹ

mantel

کوٹ

jas udan

رین کوٹ

kostum

کوئی خاص لباس

gaun

لباس

gaun manten

شادی کا لباس

setelan

سوٹ

klambi kanggo turu

نائٹ گاؤن

piyama

پائجامہ

kain sari

ساڑھی

kudung

سرپرلیا جانےوالا اسکارف

serban

پگڑی

cadar

بُرقع

kaftan

کفتان

abaya

عبایہ

klambi kanggo nglangi

تیراکی کا سوٹ

kathok renang

ٹرنک

kathok cekak

نیکر

klambi trening

ٹریک سوٹ

celemek

اپرن

sarung tangan

دستانے

benik

بٹن

kacamata

عینک

gelang

کنگن

kalung

ہار

ali-ali

انگوٹھی

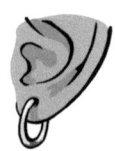

anting-anting

کانوں کی بالیاں

peci

ٹوپی

gantungan mantel

کوٹ ہینگر

topi

ہیٹ

dasi

ٹائی

slerekan

زپ

helem

ہیلمٹ

bretel

بریسز

sragam sekolah

سکول یونیفارم

sragam

وردی

oto

بب

dot

ڈمی

popok

نیپی

kantor

دفتر

server
سرور
lemari arsip
فائلوں کی الماری
printer
پرنٹر
dluwang
کاغذ
monitor
مانیٹر
mouse
ماؤس
meja
میز
folder
فولڈر
papan tombol
کی بورڈ
kranjang larahan
ویسٹ پیپرباسکٹ
komputer
کمپیوٹر
kursi
کُرسی

cangkir kopi

کافی مگ

kalkulator

کیلکولیٹر

internet

انٹرنیٹ

laptop

لیپ ٹاپ

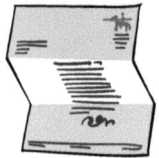

surat

خط

pesen

پیغام

HP

موبائل

jaringan

نیٹ ورک

mesin fotokopi

فوٹوکاپئیر

software

سافٹ ویئر

telpon

ٹیلی فون

colokan

پلگ ساکٹ

mesin faksimili

فیکس مشین

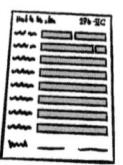

blangko

فارم

dokumen

دستاویز

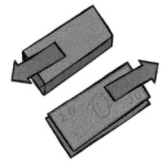

tuku

خریدنا

mbayar

ادائیگی کرنا

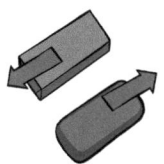

bebakulan

تجارت کرنا

duit

رقم

dolar

ڈالر

euro

یورو

yen

ین

rubel

روبل

franc Swiss

سوئس فرانک

yuan renminbi

رینمنیبی یوآن

rupe

روپیہ

cash point

کیش پوائنٹ

kantor pertukaran duit mancanegara

رقم تبدیل کرانے کیلئے دفتر

emas

سونا

perak

چاندی

minyak

خام تیل

energi

توانائی

rego

قیمت

kontrak

معاہدہ

pajek

ٹیکس

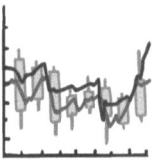

saham

اسٹاک

kerjo

کام کرنا

pegawe

ملازم

juragan

آجر

pabrik

فیکٹری

toko

دکان

petugas kobongan
فائرمین
perwira polisi
پولیس افسر
tukang masak
خانساماں، کُک
dokter
ڈاکٹر
pilot
پائلٹ

tukang kebon
مالی

tukang kayu
ترکھان

tukang jahit
درزن

hakim
جج

ahli kimia
کیمسٹ

aktor
اداکار

sopir bis

بس ڈرائیور

sopir taksi

ٹیکسی ڈرائیور

nelayan

مچھیرا

tukang reresik

صفائی کرنے والی عورت

tukang pasang gendheng

چھت بنانے والا

laden

ویٹر

pamburu

شکاری

pelukis

پینٹر

tukang roti

بیکر

tukang listrik

الیکٹریشین

tukang mbangun

بلڈر

insinyur

انجینئیر

jagal

قصائی

tukang ledeng

پلمبر

tukang pos

ڈاکیا

tentara

سپاہی

arsitek

آرکیٹیکٹ

kasir

کیشئیر

bakul kembang

پھول بیچنےوالا

juru rambut

نائی

kondektur

کنڈکٹر

mekanik

مکینک

kapten

کپتان

dokter untu

ڈینٹسٹ

ilmuwan

سائنسدان

rabbi

یہودی عالم

imam

امام

biksu

راہب

pandhita

پادری

alat
اوزار

palu
ہتھوڑا
tang
پلائرز
obeng
پیچ کس
kunci Inggris
رینچ
senter
ٹارچ

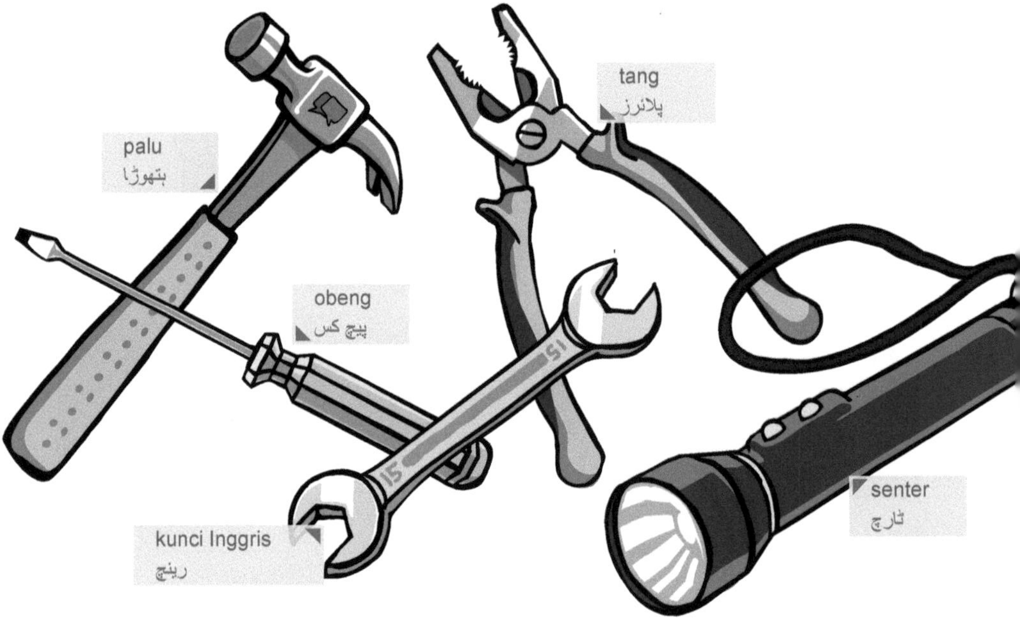

mesin kerukan

ایکسکویٹر

wadah perkakas

ٹول باکس

andha

سیڑھی

graji

آری

paku

کیل

bur

ڈرل

ndandani

مرمت کرنا

sekop

بیلچہ

Bajigur!

لعنت ہو!

serok

ڈسٹ پین

kaleng cat

پینٹ پاٹ

sekrup

پیچ

alat musik

آلات موسیقی

speker
لاؤڈ اسپیکر

sak set tambur
ڈرم سیٹ

gitar
گٹار

bass dobel
ڈبل باس

trompet
بگل

piano

پیانو

biola

وائلن

bass

موسیقی کی آواز

timpani

ٹمپانی

tambur

ڈھول، ڈرمز

keyboard

کی بورڈ

saksofon

سیکسوفون

suling

بانسری

mikropon

مائیکروفون

kebon kewan

چڑیا گھر

lawang mlebu
داخلے کا راستہ
macan tutul
چیتا
kandang
پنجرہ
sebra
زیبرا
pakanan kewan
جانوروں کا چارہ
panda
پانڈا

kewan

جانور

gajah

ہاتھی

kanguru

کینگرو

badak

گینڈا

gorila

گوریلا

beruang

ریچھ

unta

اونٹ

manuk unta

شُترمُرغ

singa

شیر

kethek

بندر

flamingo

فلیمنگو

bethet

طوطا

beruang kutub

قطبی ریچھ

pinguin

کبوتر

hiu

شارک

merak

مور

ula

سانپ

baya

مگرمچھ

juru kunci kebon kewan

چڑیا گھر کا محافظ

singa segara

سیل

jaguar

امریکی تیندوا

jaran poni

ٹٹو

macan tutul

چیتا

kuda nil

دریائی گھوڑا

jrapah

زرافہ

garudha

عقاب

celeng

سؤر

iwak

مچھلی

bulus

کچھوا

walrus

سمندری گھوڑا

rubah

لومڑی

kidang

غزال ہرن

olahraga

کھیلیں

bal-balan Amerika
امریکن فٹ بال
sepedahan
سائیکلنگ
tenis
ٹینس
basket
باسکٹ بال
nglangi
پیراکی
tinju
باکسنگ
hoki es
آئس ہاکی

bal-balan

فٹ بال

badminton

بیڈمنٹن

atletik

اتھلیٹکس

bal tangan

ہینڈ بال

ski

اسکیئنگ

polo

پولو

ngguyu
ہنسنا

encolot
چھلانگ لگ

ngrangkul
گلے لگانا

mlaku
چلنا

nembang
گانا

ngimpi
خواب دیکھنا

ndonga
دُعا کرنا

ngambung
چُومنا

nulis

لکھنا

nggambar

تصویرکشی کرنا

nuduhake

دکھانا

mencet

آگے کی طرف دھکیلنا

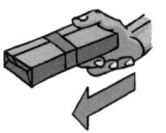

menehi

دینا

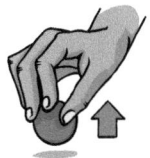

njupuk

لینا

duweni

رکھنا

nindakake

کرنا

yaiku

ہونا

ngadek

کھڑا ہونا

mlayu

دوڑنا

narik

کھینچنا

nguncalake

پھینکنا

tiba

گرنا

ngapusi

جھوٹ بولنا

ngenteni

انتظارکرنا

nggawa

اُٹھانا

lungguh

بیٹھنا

klamben

ملبوس ہونا

turu

سونا

tangi

جاگنا

ndheleng
....
دیکھنا

nangis
....
رونا

ngelus
....
چوٹ لگانا

njungkati
....
کنگھی کرنا

ngomong
....
بات کرنا

mangerteni
....
سمجھنا

takon
....
پوچھنا

ngrungoake
....
مُتوجہ ہونا

ngombe
....
پینا

mangan
....
کھانا

ngrapiake
....
صاف کرنا

nrisnani
....
پیار کرنا

masak
....
پکانا

nyopir
....
گاڑی چلانا

mabur
....
اُڑنا

nglayar

بحری سفرکرنا

itung

شمارکریں

maca

پڑھنا

sinau

سیکھنا

kerjo

کام کرنا

ngrabi

شادی کرنا

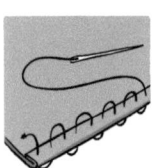

njahit

سینا

nyikat untu

دانت صاف کرنا

mateni

جان سے ماردینا

ngrokok

تمباکونوشی کرنا

ngirim

بھیجنا

keluarga

خاندان

mbah putri
دادی
mbah kakung
دادا
bapak
باپ
ibu
ماں
bayi
طفل
anak wedok
بیٹی
anak lanang
بیٹا

tamu
....
مہمان

bu lik
....
چچی

pak lik
....
چچا

dulur lanang
....
بھائی

dulur wadon
....
بہن

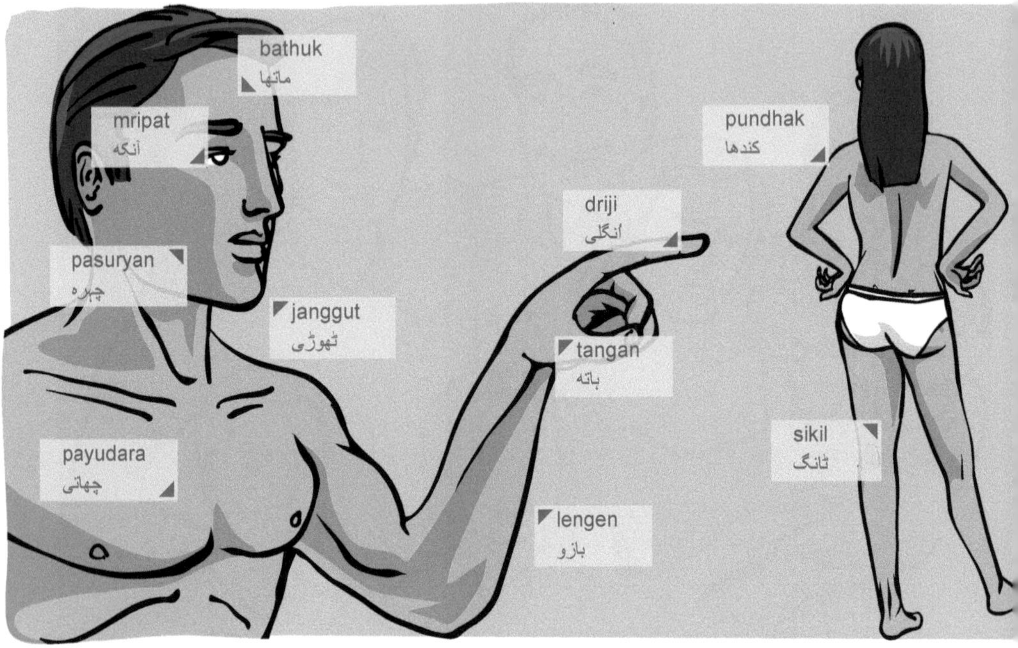

bathuk
ماتھا

mripat
آنکھ

pasuryan
چہرہ

janggut
تھوڑی

payudara
چھاتی

driji
انگلی

tangan
ہاتھ

lengen
بازو

pundhak
کندھا

sikil
ٹانگ

bayi
....
طفل

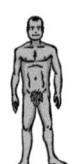

lanang
....
آدمی

wadon
....
عورت

bocah wadon
....
لڑکی

bocah lanang
....
لڑکا

sirah
....
سر

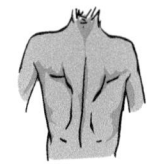

geger

کمر

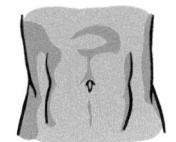

weteng

پیٹ

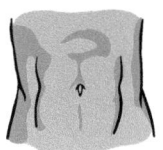

puser

ناف

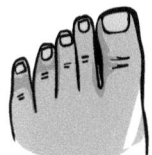

driji sikil

پاؤں کا انگوٹھا

tungkak

ایڑھی

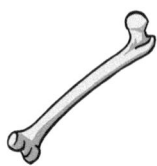

balung

ہڈی

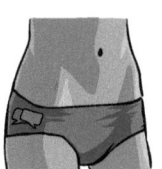

panggul

کولہا

dengkul

گھٹنا

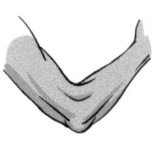

sikut

کہنی

irung

ناک

bokong

نچلا حصہ

kulit

جلد

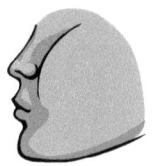

pipi

گال

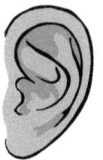

kuping

کان

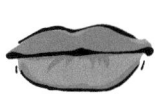

lambe

ہونٹ

lisan

مُنہ

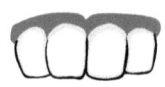

untu

دانت

ilat

زُبان

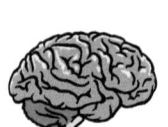

uteg

دماغ

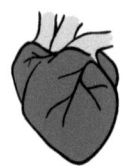

jantung

دل

otot

پٹھہ

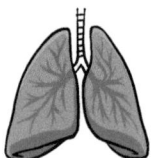

paru

پھیپھڑا

ati

جگر

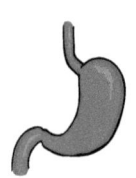

garba

معدہ

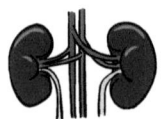

ginjel

گردے

sanggama

جنس

kondom

کنڈوم

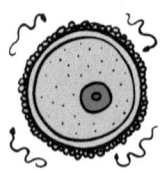

ovum

بیضہ

mani

مادہ منویہ

mbobot

حمل

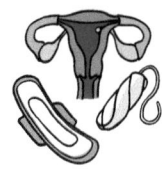

haid

حیض

vagina

اندام نہانی

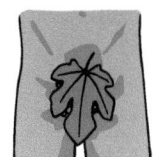

zakar

عضوتناسل

alis

بهنویں

rambut

بال

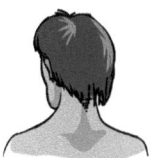

gulu

گردن

griya sakit

ہسپتال

ہسپتال
ambulans
ایمبولینس
kursi roda
وہیل چیئر
bentet
ہڈی ٹوٹنا

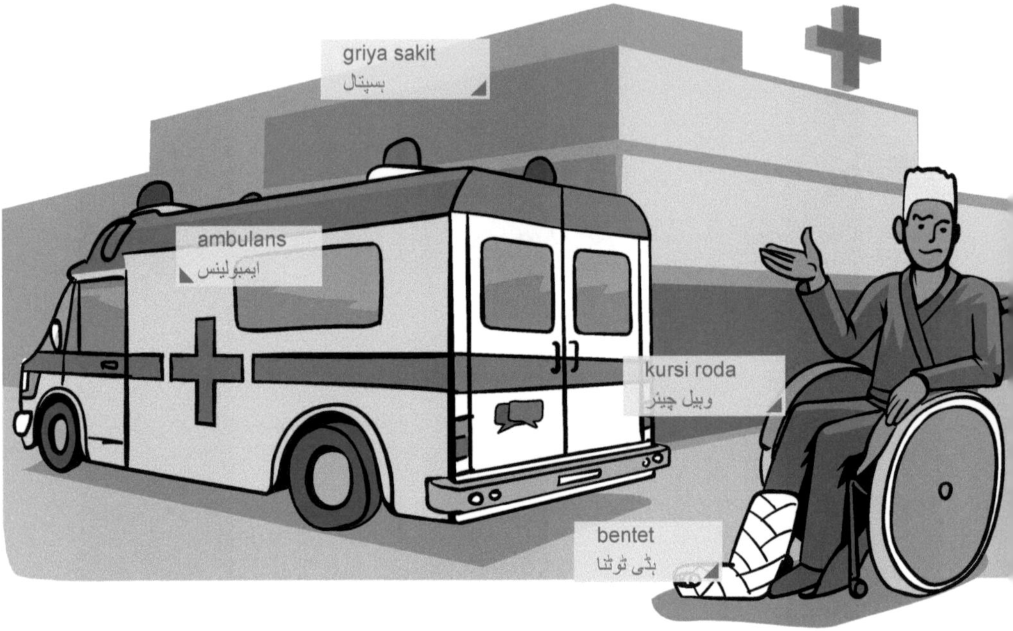

dokter

ڈاکٹر

kamar gawat darurat

ہنگامی کمرہ

perawat

نرس

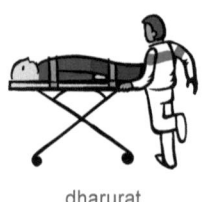

dharurat

ہنگامی صورتحال

ora sadar

بےہوش

linu

درد

tatu

زخم

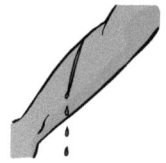

getihen

خون بہنا

serangan jantung

دل کا دورہ

setruk

فالج

alergi

الرجی

watuk

کھانسی

ngelu

بخار

pilek

زکام

diare

اسہال

mumet

سردرد

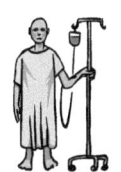

kanker

کینسر

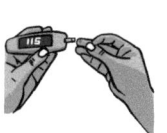

diabetes

ذیابیطس

ahli bedah

سرجن

lading bedah

نشتر

operasi

آپریشن

CT

سی ٹی

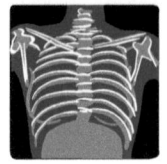

sinar x

ایکس رے

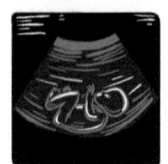

USG

الٹراساؤنڈ

masker

چہرے کا نقاب

penyakit

بیماری

kamar nunggu

انتظارگاہ

pitulung

بیساکھی

perban

پلاسٹر

perban

پٹی

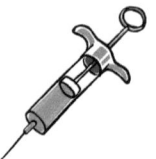

suntik

انجکشن

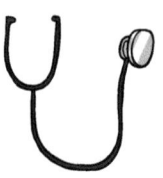

stetoskop

اسٹیتھو اسکوپ

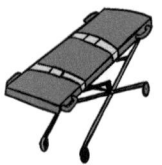

tandu

اسٹریچر

termometer klinik

مطبی تھرما میٹر

lair

پیدائش

kalemon

حد سے زیادہ وزن

alat bantu dengar

آلہ سماعت

disinfektan

جراثیم کش

infeksi

انفیکشن

virus

وائرس

HIV/AIDS

ایچ آئی وی/ ایڈز

obat

دوا

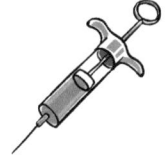

vaksinasi

ویکسی نیشن

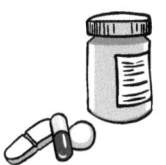

tablet

گولیاں

pil

گولی

nomer telpon darurat

ہنگامی کال

ngukur tensi getih

بلڈ پریشرمانیٹر

lara / waras

بیمار / صحتمند

dharurat
ہنگامی صورتحال

Tulung!

مدد!

alarem

الارم

sergap

مُجرمانہ حملہ

serangan

حملہ

bebaya

خطرہ

lawang metu dharurat

ہنگامی راستہ

Kobongan!

آگ!

alat mateni geni

آگ بُجھانےوالہ آلہ

kacilakan

حادثہ

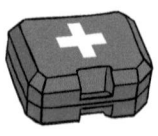

pitulungan wiwitan

ابتدائی طبی امداد کی کٹ

SOS

ایس او ایس

polisi

پولیس

Eropa

یورپ

Amerika Lor

شمالی امریکہ

Amerika Kidul

جنوبی امریکہ

Afrika

افریقہ

Asia

ایشیا

Australia

آسٹریلیا

Atlantik

بحراوقیانوس

Pasifik

بحرالکاہل

Samudra Hindia

بحرہند

Samudra Antartika

بحرقُطب جنوبی

Samudra Arktik

بحرقُطب شمالی

Kutub Lor

قُطب شمالی

Kutup Kidul

قُطب جنوبی

Antarktika

انٹارکٹیکا

bumi

زمین

daratan

زمین

segara

سمندر

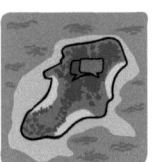

pulau

جزیرہ

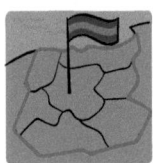

bangsa

قوم

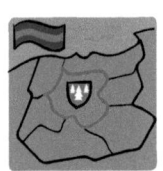

negara

ریاست

jam
کلاک

layar jam

کلاک کا سامنےکا حصہ

dom jam

گھنٹوں والی سوئی

dom menit

منٹوں والی سوئی

dom detik

سیکنڈ ہینڈ

Jam piro saiki?

کیا وقت ہوا ہے؟

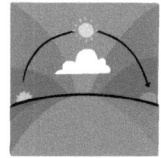

dina

دن

wektu

وقت

saiki

اب

jam digital

ڈیجیٹل گھڑی

menit

منٹ

jam

گھنٹہ

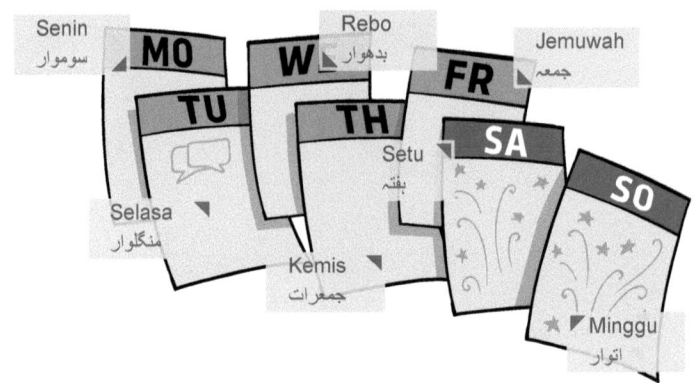

Senin — سوموار
Rebo — بدھوار
Jemuwah — جمعہ
Selasa — منگلوار
Kemis — جمعرات
Setu — ہفتہ
Minggu — اتوار

wingi

گزرا کل

saiki

آج

sesuk

کل

esuk

صبح

awan

دوپہر

bengi

شام

dina kerja

کاروباری دن

MO	TU	WE	TH	FR	SA	SU
1	2	3	4	5	6	7
8	9	10	11	12	13	14
15	16	17	18	19	20	21
22	23	24	25	26	27	28
29	30	31	1	2	3	4

akhir minggu

ہفتے کا اختتام

tahun

سال

udan es
بارش
kluwung
قوس قزح
salju
برف
angin
ہوا
musim semi
بہار
mangsa gugur
خزاں
musim ketigo
موسم گرما
mangsa adem
موسم سرما

4.APRIL 11°
5.APRIL 4°
6.APRIL 13°
7.APRIL 8°
8.APRIL 10°

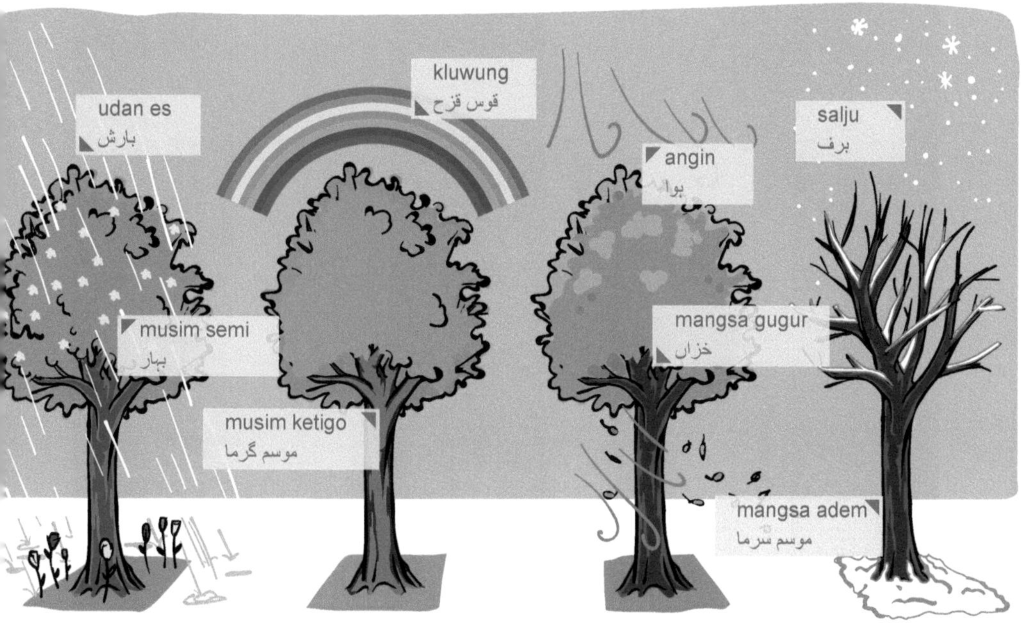

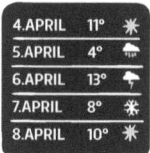

ramalan cuaca

موسمی پیش گوئی

F
C
120
90
60
30
0
-30
40
30
20
10
0
-10
-20

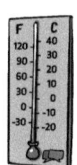

termometer

تھرما میٹر

srengenge

دھوپ

mendhung

بادل

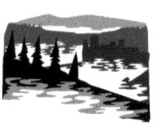

kabut

دُھند

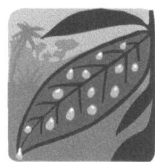

kelembapan

حبس

kilat

بجلی کوندھنا

bledheg

بادلوں کی گرج

badai

طوفان

udan es

ژالہ باری

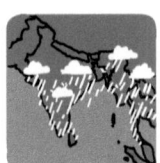

muson

مون سون

banjir

سیلاب

es

برف

Januari

جنوری

Februari

فروری

Maret

مارچ

April

اپریل

Mei

مئی

Juni

جون

Juli

جولائی

Agustus

اگست

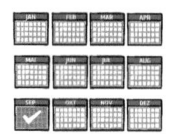

September

ستمبر

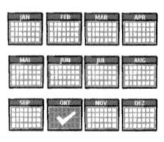

Oktober

اکتوبر

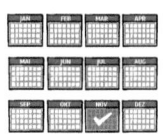

Nopember

نومبر

Desember

دسمبر

wangun

اشکال

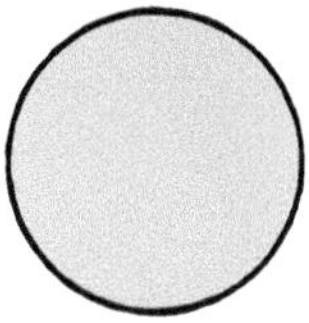

bunder

دائرہ

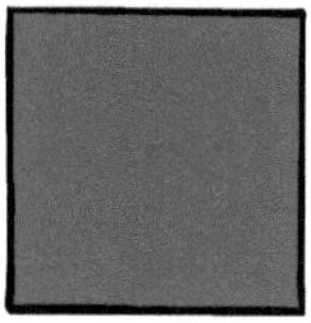

kuadrat

چوکور

segi papat

مُستطیل

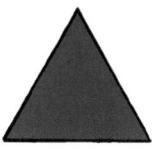

segi telu

تکون

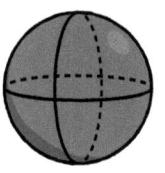

bal

کُرہ

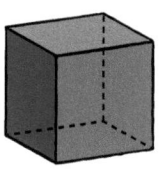

kubus

مکعب

warna

رنگ

putih

سفید

kuning

پیلا

oranye

نارنجی

jambon

گلابی

abang

سُرخ

ungu

جامنی

biru

نیلا

ijo

سبز

coklat

بھورا

abu-abu

مٹیالا

ireng

سیاہ

akeh / sithik
....
بہت زیادہ / بہت کم

nesu / kalem
....
ناراض / پُرسکون

ayu / elek
....
خوبصورت / بدصورت

pawitan / pungkasan
....
آغاز / اختتام

gede / cilik
....
بڑا / چھوٹا

padhang / peteng
....
روشن / اندھیرا

sedulur lanang / sedulur wadon
....
بھائی / بہن

resik / reged
....
صاف / گندا

pepak / ora pepak
....
مکمل / نامکمل

awan / bengi
....
دن / رات

mati / urip
....
زندہ / مُردہ

jembar / sempit
....
چوڑا / تنگ

iso dipangan / ora iso dipangan

کھانے کے قابل ہونا / کھانے کے قابل نہ ہونا

ala / becik

بُرا / اچھا

seneng / bosen

پُرجوش / بوریت کا شکار

lemu / kuru

موٹا / دُبلا

pisanan / pungkasan

پہلا / آخری

kanca / musuh

دوست / دُشمن

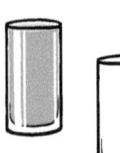

kebak / kosong

بھرا ہوا / خالی

atos / empuk

سخت / نرم

abot / enteng

بوجھل / ہلکا

luwe / wareg

بھوک / پیاس

lara / waras

بیمار / صحتمند

illegal / legal

غیرقانونی / قانونی

pinter / bodo

عقلمند / بیوقوف

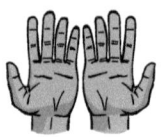

kiwa / tengen

بائیں / دائیں

cedhak / adoh

نزدیک / دور

anyar / lawas

نیا / پُرانا

ora ana / ana

کچھ نہیں / کچھ ہے

tuwa / enom

بوڑھا / نوجوان

urip / mati

آن / آف

buka / tutup

کُھلا / بند

anteng / rame

خاموش / بُلند آواز

sugeh / mlarat

امیر/ غریب

bener / salah

ٹھیک / غلط

kasar / alus

کھُردرا / ہموار

susah / seneng

افسردہ / خوش

cendhak / dawa

مُختصر / طویل

alon / banter

آہستہ / تیز

teles / garing

گیلا / خُشک

anget / adem

گرم / ٹھنڈا

perang / tentrem

جنگ / امن

angka

اعداد

0	1	2
nol	siji	loro
صفر	ایک	دو
3	4	5
telu	papat	limo
تین	چار	پانچ
6	7	8
enem	pitu	wolu
چھ	سات	آٹھ
9	10	11
songo	sepuluh	sewelas
نو	دس	گیارہ

12	13	14
rolas	telulas	patbelas
باره	تیره	چوده
15	16	17
limolas	nembelas	pitulas
پندره	سولہ	ستره
18	19	20
wolulas	songolas	rong puluh
اٹھاره	اُنیس	بیس
100	1.000	1.000.000
satus	sewu	sak yuto
سو	ہزار	دس لاکھ

basa-basa

زبانیں

basa Inggris

انگریزی

basa Inggris Amerika

امریکی انگریزی

basa Cina Mandarin

چینی مینڈارین

basa Hindi

ہندی

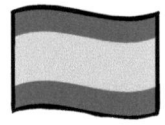

basa Spanyol

ہسپانوی

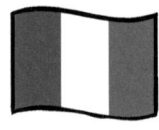

basa Prancis

فرانسیسی

basa Arab

عربی

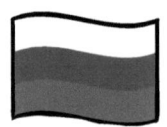

basa Rusia

روسی

basa Portugis

پُرتگالی

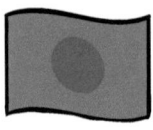

basa Bengali

بنگالی

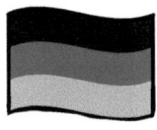

basa Jerman

جرمن

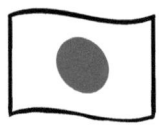

basa Jepang

جاپانی

sapa / apa / piye

کون / کیا / کیسے

aku

میں

kowe

تم

dheweke

وہ (لڑکا) / وہ (لڑکی) / یہ

kita

ہم

kowe kabeh

تم

dheweke kabeh

وہ

sapa?

کون؟

apa?

کیا؟

piye?

کیسے؟

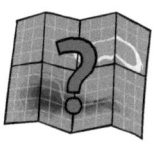

neng endi?

کہاں؟

kapan?

کب؟

jeneng

نام

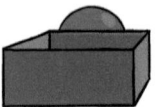

neng endi

کہاں

mburi

پیچھے

ing jero

میں

ing ngarep

کےسامنے

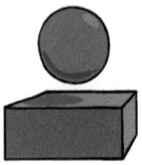

ing dhuwure

اوپر

ing

پر

ing ngisore

نیچے

sisih

ساتھ

antarane

درمیان

panggonan

جگہ